애월 바다는
석양이 아름답다

애월 바다는 석양이 아름답다

고광자 第17詩集

바다문학

[머리 詩]

섬

고 광 자

바다의 여인은
바다를 떠날 수가 없다.

번쩍 세상에 태어난
첫 음향 섬 안의 멜로디.

한라산은 늘 도닥여 주는 할머니였고
바다는 평화를 주는 숨소리였다.

섬이 되기 위해
산이 되기 위해, 겹겹을 벗는다.

2023년 봄 애월 바다에서

차례

머리 詩   5

1부 동반

세상은 좋은 사람이 많아	17
새와 노부부	18
동반 1	19
동반 2	20
동반 3	21
동반 4	22
동반 5	23
동반 6	24
마포는 제2의 고향	25
신촌과 마포를 사랑한다	26
삶고 절이고	27
곽지에 있으면	28
곽지 산책로	29
생일	30
따리도 없이	31
바다와 시조창을 해보자	32

2부　아버지는 참전용사

탐라여! 빛나라	37
제주의 아침	38
애월 바다는 석양이 아름답다	39
한라산과 바다	40
백록담	41
육이오 참전용사	42
마포 종점에서 중소기업 운영하다	44
인화단결	45
천륜의 바다	46
무궁화	47
국립제주호국원 개원	48
제주 국립호국원	50
호국원에 모시다	52
F4 용지 한 장에 인생을 담고	53
우주의 발자국	54

3부 섬

새벽 바다는 축복	59
태양아 솟아라	60
동화의 섬	61
동백	62
바다의 여인	63
비양도 노을	64
비양도에 오면	65
겨울바람	66
양배추와 브로콜리	67
붓 잔치	68
참 곱다	69
나리꽃과 벌	70
서각예술	71
한라산 등반	72
한라산 까마귀	73
자화상	74

4부 참선

참선	79
글 모음	80
커튼을 만들며	81
코엑스 도서관	82
한국불교아동문학회	83
무섬	84
부석사	85
낙산사	86
건봉사	87
민통선	88
탑돌이	89
탄허기념 불교박물관	90
환희	91
모든 만물에 부처가 있다	92
거스르지 않는 삶	93
바다	94

5부 시간아, 참 고맙다

도서관에 오는 이유	99
봉오리의 꿈	100
밤과 낮	101
물소리	102
한글날 시 세계를 조명하다	103
시간아, 참 고맙다	104
거리 두기	105
회상	106
숲은	107
벙어리 장갑	108
풍경	109
길	110
호박잎	111
비둘기의 공존	112
은행과 세금	113
고추잠자리	114

해설(김종상)

고결한 마음의 결정체	117

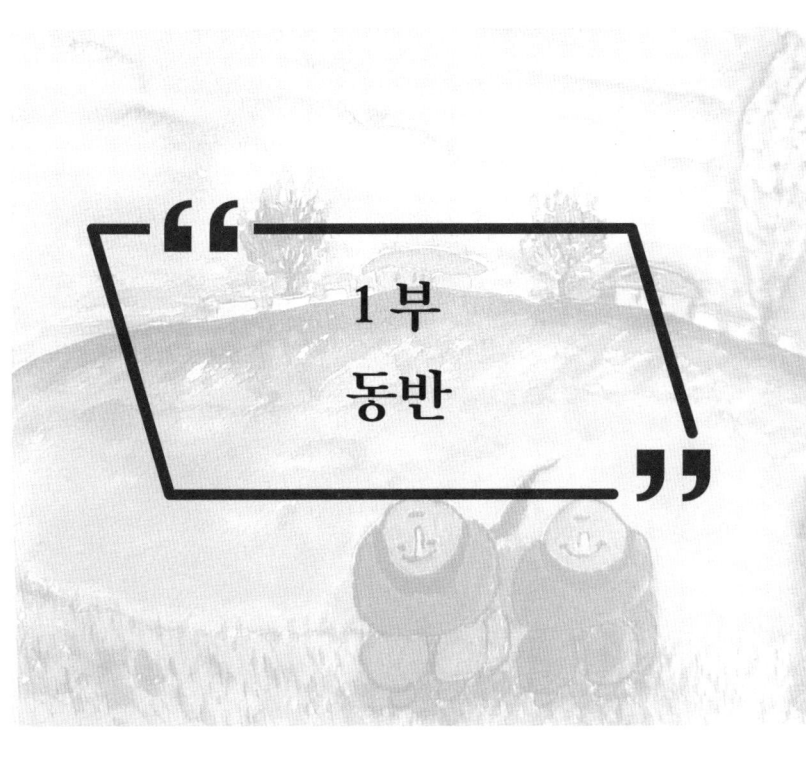

1부
동반

1. 세상은 좋은 사람이 많아
2. 새와 노부부
3. 동반 1
4. 동반 2
5. 동반 3
6. 동반 4
7. 동반 5
8. 동반 6
9. 마포는 제2의 고향
10. 신촌과 마포를 사랑한다
11. 삶고 절이고
12. 곽지에 있으면
13. 곽지 산책로
14. 생일
15. 똬리도 없이
16. 바다와 시조창을 해보자

세상은 좋은 사람이 많아

"에구머니, 할아범, 바짝 붙지 마시구려!"
말이 떨어지기도 전에

"찌지 직."
하얀 차 엉덩이를 긁어놓았다.

차를 세운 젊은이가 뚜벅 걸어온다
고개를 숙이고 있는 노부부

"아, 너무 걱정하지 마세요.
제가 지금 출근길이니
보험처리 하지 않도록 노력해 볼게요."

1시간 후 따르릉 걸려온 전화
"할멈, 아 글쎄, 그 젊은이가 차를 잘 닦았다며
염려 말라고 전화가 왔어. 하하하~
세상은 좋은 사람이 더 많아."

새와 노부부

후루룩 날아가서
나뭇가지에 앉았다

두 마리의 새
그림자 같다.

벤치에 앉은 노부부.

"저 새들이
꼭 우리와 같구려
다칠세라
함께 다니는구려!"

동반 1

지아비는 톱니바퀴다
세심한 의사처럼
판결을 내리는 판사처럼
늘 곁에 있어 주는
지아비가 고맙다.

동반 2

집을 수선하려면
작은 구멍도 살펴야 한다
아기 똥!
피붙이처럼
다루는 손길이 필요하다.

잔디에 난 풀을 뽑다가
시멘트와 페인트를 사러
애월로 급히 간 사람.

동반 3

마당의 잡초
뽑고 뽑아도 솟는 풀
호미를 든 사람.

49년의 해로에
몸도 왜소하고
머릿결도 백합이다.

푸른 삶을 산다는 건
여간 관리가 필요하다
일기처럼 글을 쓰며 정화하는
세월의 바다이기 때문이다.

동반 4

홍안의 청년이
어느새 희수喜壽 되었다
어느 날 잔디도 잡풀도
하나로 보인다고 하였다
그냥 쉬라고 했다
보호 본능이 앞섰다.

걸음이 느려진 것도 거짓인 줄 알았다
나는 저만큼 가고 있는데
다시 되돌아와서 걸음을 맞춘다.

소담히 핀 뭉게구름도
나그네 되어 흘러간다.

동반 5
- 부부

부부는
어느새 굵은 주름으로
함박 같은 미소를 보냈을까?
오솔길
끝자락에 펼쳐지는 바다.

긴 삶의 여정도
한순간이란 것을
참고 용서하며 산다는 것을
'참을 인(忍)' 자를
높이 받들며 산다는 것을.

동반 6
- 꼬꼬와 음매

선한 눈망울에서
이슬 같은 정이 뚝뚝
공항의 이별이요. 손을 흔드는
젊은 연인처럼
잠깐의 헤어짐도 아쉬워했다.

미운 정 고운 정이
콕 박혀있는 부부의 삶.

마포는 제2의 고향

14층 위로 환히 뜬 달님아
본가로 이사 온 지, 삼 일째 되는 밤
마포는 제2의 고향
맑은 네 몸을 본다.

아파트에서 바라보는 달님아!
하늘나라 부모님도 바라보신다.
정화수의 손 모음
공양 보시를 배운다.

신촌과 마포를 사랑한다

이대, 연대, 서강대, 신수동, 아현동, 공덕동
마포의 주위에서 벗어나지 못한다
오면 반갑고 가면 그립다
백련산의 꾀꼬리도 들려온다.

신촌과 마포로에
곳곳마다 주렁 달린 호박 넝쿨
공해 없는 하늘가에 벌 나비도 순진했다
호박꽃 만발했던 옛 시절.

얼마나 많이 발전하였는가
빌딩 숲에 고층 아파트가 우후죽순
달님도 해님도 영역을 살피며
고개 빼고 빛을 보시한다.

삶고 절이고

뜰에 부추를 뜯어 삶았다
오이지도 담으려고 절여놓았다
막 울에서 따온 것이라며 장에서
권장하는 동아를 네 덩이나 샀다.

시골 아낙이 되어
고추장에 박은 손맛
자꾸만 시어머니 생각이 난다.

생전의 노모는 큰아들 집을 위해
동아와 끝물참외를 고추장에 삭혀
밑반찬을 만들어 보내 주었다
가는 세월이 이리도 빠르니
쏜 살이로다.

곽지에 있으면

무화과를 따서 설탕에 재어 놓았다
곽지에 있으면
평화로워 시가 잘 써진다
밖을 나가지 않아도 자연을 만나니
정원에서 17권의 시집을 발간했다.

몸은 하나인데 아직 갈 곳이 많다.
손질할 곳도 많고
때론 서류를 정리하면서도
사과나무를 심는 이유는
오늘이 소중하기 때문이다.

마포에 있으면 바다가 그립고
제주에 있으면 서울이 궁금하다.

곽지 산책로

돌들이 누워있다
수평선을 베개 삼아
제각기 생긴 모습으로
눕거나 서거나

곽지해수욕장에서 한담 마을
해안 산책로의 기암괴석들이
특유의 형상을 하고
오랫동안 의지하며 살았다.

때론 지천의
들국화를 보며 수선화를 보며
보름달을 바라보며 초승달을 사랑하며
벌레들의 아우성을 들으며

무언의 눈으로
돌 돌돌 삭이며
바다를 지키고 살았다.

생일
-7월 25일 윤달생

내 손으로 밥을 안치고
내 손으로 미역국을 끓이고
내 손으로 찬을 만들어 남편과 식사하고
내 손으로 책을 꺼내어
한국불교 아동문학회 21년 현우경 개작
『도솔천에 태어난 부처님』 동화책을 안고
금강선원 불교대학엘 간다.

왕십리에서 환승하는 분당선
높은 계단을 오르며 무게만큼이나
책을 안고 헐떡이며 올랐다.

생일이 뭐 대수로운가
하루를 열심히 사는 것이지요
7월 25일 윤달생은 오늘도
가족과 잘 살아온 것에 만족하며
빌리지 않을 정도의 축으로
강물처럼 흐르는 세월에
숙여 감사하고 있지요.

똬리도 없이

한 바구니 감을 얼른 샀다
푸성귀로 너무 커진 장바구니
두 정거장을 걸어가야 한다.

무거운 짐을 똬리도 없이
머리에 이고
젊은 날을 회상하며 걸었다.

남을 의식할 필요 없고 펑퍼짐한 옷을 입어도
이젠 아무 부끄럼 없다
건너편에서 유유히 걸어오는 아낙에게
대뜸 "내 모습이 어때요?" 하고 말을 건넸다.

모르는 사람은 배시시 배시시 웃었다
온유한 마음 세상의 벗 되어
연륜의 눈 깊어간다.

바다와 시조창을 해보자

이제 70대도 "휙"하고 과녁을 뚫었다
이런들 어떠리 저런들 어떠하리
얼싸안고 바다와 정가正歌를 해보자.

초승달이 얼마나 어두운 밤을 지켰나
천장 유리창 하늘로
어김없이 우주를 일깨우는 초침.

고운 세상만사
촌음을 아끼고 받든다.

공수래공수거

관심

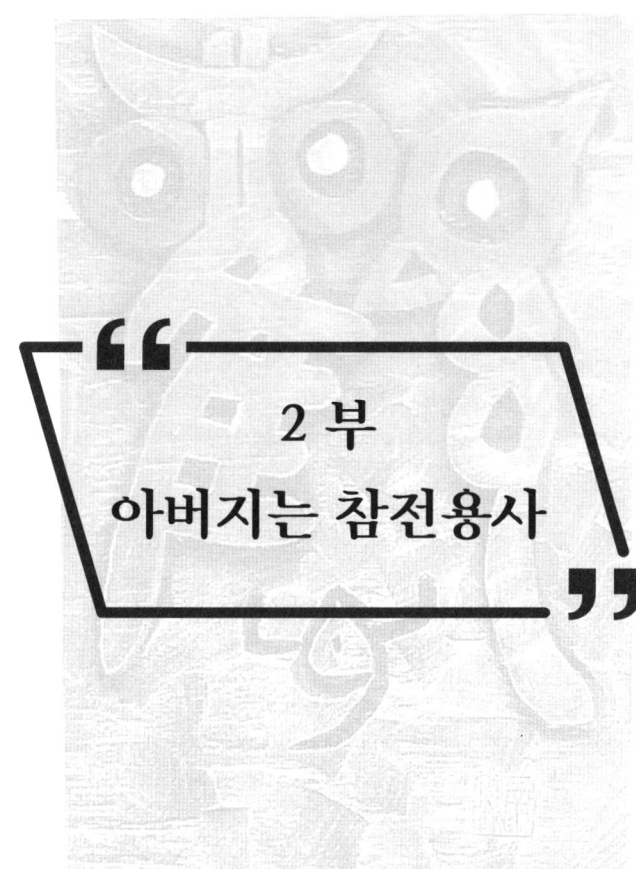

2부
아버지는 참전용사

1. 탐라여! 빛나라
2. 제주의 아침
3. 애월 바다는 석양이 아름답다
4. 한라산과 바다
5. 백록담
6. 육이오 참전용사
7. 마포종점에서 중소기업 운영하다
8. 인화단결
9. 천륜의 바다
10. 무궁화
11. 국립제주호국원 개원
12. 제주국립호국원
13. 호국원에 모시다
14. F4 용지 한 장에 인생을 담고
15. 우주의 발자국

탐라여! 빛나라

한라 영산 동녘기슭
삼성혈, 삼신인 용출(湧出)하여
시조(始祖) 고양부 을라왕(王)
탐라국 창건(創建) 하셨다.

아름다운 제주도
왕의 후손님들
서녘 땅에 일군 불빛
대대손손 번창하여
방방곡곡 애월의 꽃 피었다.

수건을 질끈 두르고, 새벽녘 김을 매는
제주인의 부지런함
근면을 배우는 아이들의 보금자리
하늘 열린 축복이요
바다 솟는 기운이라.

태고의 숨소리
제주 평화의 섬에 넘쳐나니
지구촌 발자국 문안 오시네
탐라여! 길이 빛나시라.

제주의 아침

참새의 기상은 05시 전후
향나무 위에서 '재재재' 거리면
바다의 물결은 '철썩'

바닷가 비둘기들
모여라 '구구구'
화답 소리 '구구구'

아하! 장닭도 깨었다고
'꼬끼오'
목젖 푸는 율동이 고고하다.

옆집 농부는
벌써 경운기를 끌고 밭엘 나갔다
쓰레기 수거차도 일찍 다녀갔다

부지런한 제주의 아침
소의 형상으로 누운 과오름
찬란한 동녘의 햇살을 퍼 나른다.

애월 바다는 석양이 아름답다

애월 바다는 석양이 아름답다
노을 바닷길은 더욱 멋지다

그곳으로 걸어가고 싶은
충동의 바다

미지의 서녘 놀
붉은 심장 속으로.

한라산과 바다

3층 시골집 지붕도
낮은 집 창문도
한라산을 바라본다.

새벽에 밭갈이 간 농부는
어스름 저녁에 돌아온다
과오름 숲 나무들이
자연 공부에 열중이다

드넓은 바다가
수평선을 유지하는 것은
더 높지도 더 낮지도 않을
지혜의 저울을 달고 있다.

백록담

한라산 진달래대피소에서
250M 지점을
더 올라가야 하는 백록담.

오르는 높은 고지 위로
뭉게구름 하나 둘 모인 무늬
어느새 바다보다 넓다.

모락모락 피는 황홀한 광경
神과의 대화다, 맑은 사랑이었다
능선에서 바라보던 절묘함.

분화구 속에 천지가 다 모였다
"얏호, 사랑해~." 교신하는 백록담 위로
메아리 퍼진다.

육이오 참전용사
- 아버지 1

동란 이후는 모두 가난이었다
쌀 한 톨을 얻기 위해
노동을 했던 50년 60년대
그 시절 아버지는
'第一 공업사'를 경영하셨다.

제주 애월 바닷가에서
조가비와 놀던 막내둥이
일학년 국어책을 읽다가
부모님 따라 상경한 서울
햇볕에 그을린 까만 얼굴
동심의 무대는 북아현동 산동네였다.

아버지는
시골에서 올라온 가난한 청년들을 위해
숙소를 마련하고 기술을 익혀주니
청년들이 우후죽순 모여들었다.

가난의 근면 속에
새끼줄에 엮인 꽁치 열두 마리를 들고
북아현동 언덕길을 오르면

해는 서산으로 지고 세상만사 등에 진
발우를 든 모습이 아니었을까.

마포 종점에서 중소기업 운영하다
- 아버지 2

마포 가든호텔 앞은 옛 마포 종점
전차가 지상으로 다녔던 시절
최고의 교통수단이었다.

은방울자매의 노래가
라디오에서 흘러나오면
남녀노소 따라 불렀던 마포종점.

내 아버지는
마포 종점에 공장을 차리고
연고 없이 올라온 청년들에게
공업기술을 가르쳐주고
익히게 하였다.

인화단결
- 아버지 3

인화단결로 이룬 공장은 번창하였다
어깨에 짐을 잔뜩 메고 수천 걸음걸이
백여 명의 생계를 유지했다.

그 시절 노래하지 않을 수 없다
어려운 시절에 도움을 주었던 돌봄이
새마을 운동으로 부흥을 전개하던 역사
아버지는 진정한 애국자가 아니었을까?

공장의 기계 돌아가는 소리를 들으며
나는 학창시절을 보냈다
한강의 숨결이 흐르는 마포 종점에서.

천륜의 바다
- 아버지 4

생전의 효도를 위한 길을 모색하며
아버지의 일생을 써야 한다는 집념에
시인인 딸의 몫이라 생각하여
이천십오년 '천륜의 바다'를 상재하였다.

해송 아래
아버지와 나는
관객도 없이 단둘이서
한 권의 시집을 다 읽어 드렸다

흐트러짐 없이 낭송을 듣던 아버지
한라산도 마당에 급히 내려와
산새들과 귀를 열었다

순간을 행복해 하시던 나의 아버지
더욱 그립다.

무궁화
- 아버지 5

무궁화를 닮은
국군 6·25 참전용사
제주도 중산간 99골에
국립 충혼묘지가 확장 중이라
임시 양지공원에 모셨던 날.

하늘하늘 하늬바람
양지공원 초입으로 나란히
마중 나온 마아가렛.

곽지에서 모신지 10년
잘게 썰어드린 반찬을
잇몸으로 조근조근 음식을 드시면
딸에게 꼭 하시던 말씀
"잘 먹었다. 오늘이 내 생일이구나."
언제나 소풍처럼 말씀하셨다.

국립제주호국원 개원
- 아버지 6

6·25 참전용사는
투철한 군인정신으로
"피융피융" 빗발치던 총탄 속에
총알이 날아와 무릎에 흐르던 붉은 피!
오로지 나라 사랑이었다.

3·8선 철조망 분단의 아픔을 두고
살아 돌아오신
제주도 애월읍 신엄리의 한 참전용사
어린 딸을 꼬옥 부둥켜 안아주었지요.

상흔을 안고 고향 땅 붉은 흙에 눕기 위해
6년을 기다린 국립제주호국원.
노형동 산19-2번지 일대가 확장되어
개원과 함께 접수를 하였지요.

아, 아버지!
당신은 훌륭한 천륜의 바다요
국군 용사의 영원한 젊음으로
마당에 핀 무궁화 가지를 해마다 전지하다

애월읍 곽지바다에서
생명의 끈을 풀었지요.

어찌, 딸이, 아버지의 영혼을 모시지 않겠습니까?
이제, 임인년 봄이 오면
어머니와 합장 하는 날!
평온의 꽃다발을 올릴 것입니다.

바다와 한라산은 늘 아버지 곁에 있을 테니까요
아버지의 귤밭도 5월이면 꽃 향기 만발하겠지요.
사랑해요. 나의 아버지!

제주 국립호국원
 - 아버지 7

임시 양지공원에 모신지 6년
해마다 언제 개원이 될까 물어오던 날
2021년 12월 9일 개원 소식이
제주 저녁 뉴스에 흘러나왔다.

"제주인이 제주에 묻혀야지. 암, 호국원에 가야지"
평상시 말씀을 남기셨던 아버지.

'청산은 어찌하여 만고에 푸르르며
유수는 어찌하여 주야에 긋지 아니는고~'
해송의 집, 곰솔 아래 시조창을 함께 불렀었다.

드디어 호국원에 두 분이 합장하는 날
광탄면 용미리 공원에서 어머니를 등에 업고
대한항공 비행기로 전날에 곽지로 모셔왔다.

내 생전 부모님께 제일 잘한 일이라며
빛나는 대한민국 제주의 고향 땅
붉은 흙에 안장하시니
감사하여 꾸벅꾸벅 절을 드렸다.

고향 제주 바다를 환히 내려 보시며
한라산 아래
흐드러진 귤꽃 향기를 맡으며
부부의 영원한 만남.

이날을 손꼽아 기다린 국립호국원
호국의 영웅님께 손 모아 합장한다.

호국원에 모시다
- 아버지 8

인명은 재천이요 생로병사라
2016년 5월23일 지상의 연을 끊으시고
임시 양지공원에 모셨지요.

제주호국원이 개원하여
2022년 4월 29일 호국원에 안장하시니
내 할 일 다 하였다고, 마음이 놓여
꿈결에도 평화가 찾아왔지요.

6·25 참전용사인 나의 아버지
열심히 산 아버지의 역사를
내 황혼의 바다에 서서
수평선을 바라봅니다.

F4 용지 한 장에 인생을 담고
- 아버지 9

6·25 참전 용사는
제주 국립호국원에 편히 안장되었다.
임인년 4월 29일 10시
F4 용지 한 장에 인생을 담고.

흘러간 노옹의 일세기를 반추하는
묘지 앞에서
국군용사였던 나의 아버지
애도드린다.

우주의 발자국

섬과 육지를 이어 줄
시 한편을 구상하다가
바다에게 물었다
『한라산과 바다는 언제나 손잡고』
제6시집 제목이 그렇게 탄생되었다

세월은 그리도 빠르고
우주의 발자국에
추억을 싣고 오늘도 나의 시는
수평선에 배를 띄운다.

길

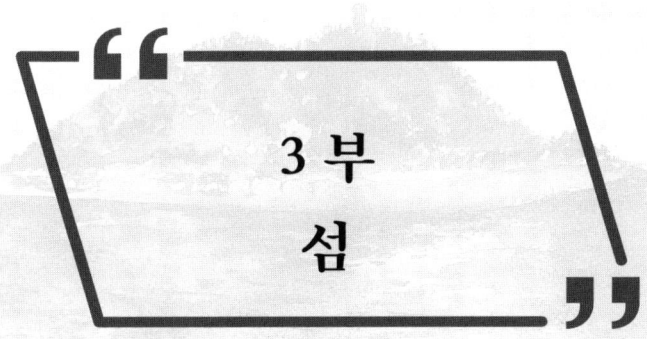

3부

섬

1. 새벽 바다는 축복
2. 태양아 솟아라
3. 동화의 섬
4. 동백
5. 바다의 여인
6. 비양도 노을
7. 비양도에 오면
8. 겨울바람
9. 양배추와 브로콜리
10. 붓 잔치
11. 참 곱다
12. 나리꽃과 벌
13. 서각
14. 한라산 등반
15. 한라산 까마귀
16. 자화상

새벽 바다는 축복

어둠의 저편
서서히 밝아오는 여명
새벽 바다는 축복이다.

해녀 탈의실에
테왁을 등에 지고
바다에 들어가는 해녀.

솟은 돌부리에도
서 있는 내 곁에도
태양이 살며시 달려온다.

태양아 솟아라

대여름
전깃줄에 앉아
"찌찌 비비~"
인사하는 제비.

한라산이
붉은 모시옷을 입고
365개 오름을 일제히 손 잡았다.

나는 비양도에 서서
이 새벽 녘
동녘에 이는 바람을 안고
붉은 태양을 마신다.

동화의 섬
- 비양도

바닷가 물새들이
꾀꼬리처럼 흉내 낸다
그래도 바다는 나무라지 않는다
밀려오는 하얀 파도는
파도 소리에만 열중한다.

동화의 섬 비양도엔
소라, 보말, 미역도
바다의 주인공이다
열심히 사는 그네들은
빈 수레가 없다.

동백

붉은 요염이 '똑'
떨어졌다.

짧은 삶
백여 개의 수술 꽃
만드느라
고운 참선하였다.

바람이 그대 귓가에
소곤댄다

"이젠 좀 쉬세요."

잔디밭에 앉아 웃는
동백 꽃잎
그 자체도 아름답다.

누가 그를
예쁘다고 하지 않을까요.

바다의 여인

바다 위에 뜬 섬
날(비飛) 뜰(양揚)
천년의 섬!

바다 건너 불빛
육지를 동경하며

정월 대보름이면
샛별 오름의 불놀이
활 활 활 ~
"무사 안녕"을 기원하며

바다에서 태어난
바다의 여인은
바다가 되었다.

비양도 노을

서녘 바다 수평선
천사의 날개 달린
비양도

영역을 살피는
순찰 중 고기떼

낚싯줄 설설 풀어
돌 바위에 선 강태공
붉은 노을만 낚고 있다.

비양도에 오면

새해가 밝았다 하여
바다도 맑게 세수를 하고
해송을 맞는다

나는 이곳이 좋아
굴뚝으로 솔솔 연기 날리며
아궁이에 불을 지폈다

온돌은 아랫목을 데우고
뚫어 논 천장으로 별들이 총총
처녀 가슴 반달이 수줍다.

비양도에 오면
시인이 되고
삿갓이 된다.

겨울바람

천년의 섬
하늘과 바다
'예술인의 집'
새날을 맞는다.

비양봉의 먹구름
전신주가 요란하게
"윙 윙윙~"
겨울 소리 차갑다.

뱃고동이
눈치 없이 시간을 알리며
객들을 싣고 멀어지는 배
새들이 숨을 곳을 찾는다.

양배추와 브로콜리

섬에 웃음이 줄었다고
양배추가 왕왕 떠든다

브로콜리가
돌담 구멍으로 세금 없이 출입하는
바람에게 물었다
"우린 언제나 부자 섬이 될까요?"

"섬은
그 자체가 부자랍니다."
휙, 지나가는 바람 소리.

붓 잔치

비양도에 오면
그림이 그리고 싶어진다
잘 그려질 것 같은 예감
예술의 붓 잔치.

섬에 있으면
여유의 몸이 되어
바쁘지 않아서 좋다
해녀도 꽃멸치도 모두 그림이다.

참 곱다

옆집 아주머니
웃는 모습이 천상의 시인 닮았다.

대문도 없는 예술인의 집에
아주머니는 감자를 삶아 오셨다
김이 모락모락 나는.

씨익 웃는다. 동심의 웃음
참 곱다.

나리꽃과 벌

길섶 더미에
오롯한 미모의
으뜸 공주

족두리를 쓰고
나리꽃 큰 언니가
시집을 간다

밤새 기다린 신랑 벌
새벽부터 "윙윙윙"
빨리 집에 가자고 조른다.

서각예술

예술인이 서각을 하여
대문 앞에 세워 놓았다
색깔 옷을 입힌
'금빛 노을'
언제나 그 자리에.

천년 호가 뚜~
여행객을 부려놓으면
통나무에 새긴
노을에게 묻는다
여기 카페입니까?
…….

한라산 등반

해발 750m 지점인 성판악 초입
한라산 1,950m를 한걸음에 달릴 자세로
성큼 뛰어오른 950m 지점, 벌써 '헉헉헉'

청명한 산속의 나뭇가지를 그네 삼아
까마귀가 이리저리 날며
맞춤법 구사로 파문을 낸다.

"와 와 와~"
그래그래, 아직도 까마득히 높니?

길 안내 까마귀가 종용하는 노래
진달래 대피소에 먼저 와서는

"까아 까아~"
이쯤에서 점심을 까라고 한다
꾸역꾸역 올라 온 대피소.

돌아보니 금상첨화로다
세상은 한라산 아래로다.

한라산 까마귀

속눈썹도 까만
그들이 당당히 하산길에
배웅한다.

"가 가 가~"
그래그래 간단다
해지기 전에 왕복 8시간
나 구십 되면 오를 수 없지 않은가.

까마귀야 너무 가라고 재촉하지 말아라
쉬엄쉬엄 10월 산의 붉은 얼굴도 보고 가야지
나무에서 소곤소곤
길을 안내하는 까마귀.

매표소 넘어 하산하는 발길 위로
"또와 또와또와~"
잘 가라고 한다
한라산 맑음 속에 사는 그네들.

자화상

나는 바다
비양도의 꽃멸치다.

나 어린 시절
꿈 많은 동심
반딧불과 살았다.

톳 줄기에 땋은 머리
미역에 몸을 가리고
나는 바다에서 산다
나는 바다다.

般若波羅蜜多心經

觀自在菩薩行深般若波羅蜜多時照見五蘊皆空度一切苦厄舍利子色不異空空不異色色即是空空即是色受想行識亦復如是舍利子是諸法空相不生不滅不垢不淨不增不減是故空中無色無受想行識無眼耳鼻舌身意無色聲香味觸法無眼界乃至無意識界無無明亦無無明盡乃至無老死亦無老死盡無苦集滅道無智亦無得以無所得故菩提薩埵依般若波羅蜜多故心無罣礙無罣礙故無有恐怖遠離顛倒夢想究竟涅槃三世諸佛依般若波羅蜜多故得阿耨多羅三藐三菩提故知般若波羅蜜多是大神咒是大明咒是無上咒是無等等咒能除一切苦真實不虛故說般若波羅蜜多咒即說咒曰揭帝揭帝般羅揭帝般羅僧揭帝菩提薩婆訶

남파 이철중 「반야심경」

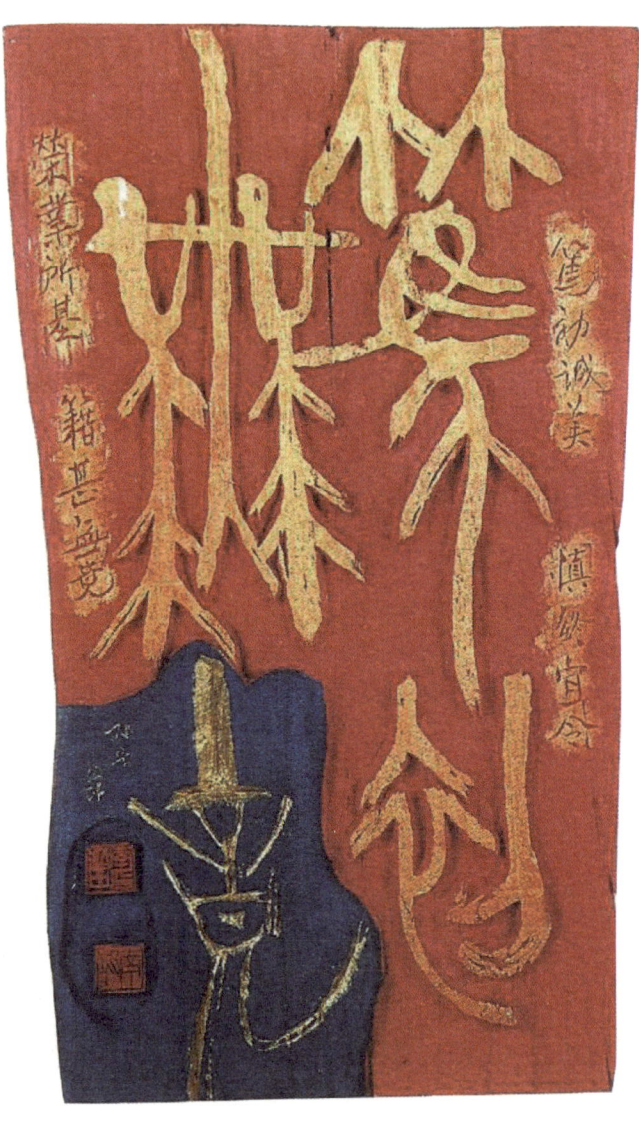

독초, 무경 (천자문구에서)

4부
참선

1. 참선

2. 글모음

3. 커튼을 만들며

4. 코엑스 도서관

5. 한국불교아동문학회

6. 무섬

7. 부석사

8. 낙산사

9. 건봉사

10. 민통선

11. 탑돌이

12. 탄허기념 불교박물관

13. 환희

14. 모든 만물에게 부처가 있다

15. 거스르지 않는 삶

16. 바다

참선

세상만사 필름이 돌아가는 공(空)
커다란 형광판의 광고가 번뜩인다
높은 건물에 둘러싸인 광장 안
시멘트 바닥에 20여 명 앉았다.

가지런히 벗어놓은 신발들이
주인 따라 합장한다
어떤 이는 눈을 뜨고 먼 허공을
어떤 이는 11월의 낙엽에 몸을 싣고
두 시간 째 접어드는 고요로움 속
참선하는 그곳에 내가 있었다.

만물의 이치가 하나로 된 선상
삶이 존재한다는 것을.

글 모음

새벽 제주공항에 내리니
남국의 종려나무 미소를 보낸다
1월의 온도가 따뜻하다.

온기 없던 겨울 방에 불을 넣고
서류를 잔뜩 꺼내어 파일에 정리한다
중요한 것들이라야
흩어져 있는 글 모음.

서울 집에 더러는 갖다 놓아도
대한민국 지도안은 한 몸이라며
한라산은 그저 허허허 웃는다.

커튼을 만들며

새날
동녘의 빗살을 받으며
바느질 한 땀 한 땀을 옮겨
커튼을 만들었다.

뜬 세상이 눈부셔
조금은 드리웠다 거두었다
세상사 이야기를 조율하는 귀
천하만사 좋은 빛! 되게 하소서.

코엑스 도서관

삼성 코엑스 건물에
그리 넓고 큰 도서관이
독특한 건축물 구조로
건축양식 두루 훌륭하다.

도서관 책꽂이에
문장가의 영혼이 다 모였다
내 책은 어디쯤 비치되어 있을까?
세상에 글 쓰는 이, 하 많구나.

지구의 발돋움
인간의 두뇌 발달
로버트 기계에 비유할까
문학의 꽃! 나비로 난다.

한국불교아동문학회
- 21. 1. 27

며칠 후면 이 취임식을 해요
임기 동안 잘하려고 노력해야지요
머리를 깎으며 그리 생각했어요.

사명감이 중요하지요
동심의 참 진실로
세상을 보아야지요.

불법승 법을 배우고
전법도생
포교의 공부도 해야지요

천하의 눈길 따라
내 하는 일 보고 계시지요
사과나무 심는 마음을요.

상대방에겐 언제나 고운 말
상처를 주는 일이 없어야겠지요
공부는 나를 정화하는 것이지요.

무섬

지혜를 모은 외나무다리
세월이 가도 흐르는 물
과거와 현재 미래가 있는 무섬
켜켜이 역사가 흐른다.

새색시 가마 타고 간 무섬
백 년 이상 된 고택의 마을
너머까지 농사를 지었다 하니
조선 시대 많은 선비가 배출되고
도포 자락 휘휘 거느린 고택안에
해우당 편액이 걸려있으니
흥선대원군 친필이라고 한다.

발자국 서린 골목마다
채송화가 살림을 차리고
장독대 뒤에 숨어 잉태하는
봉숭아꽃
빨간 볼 수줍다.

부석사

의상대사와 선묘 공주
죽어서 다시 태어나도
임의 길 따라가니
가는 곳마다 부흥이라.

그녀의 깊은 사랑
죽어서도 함께 하는 넋
떨어질 수 없는
사슬이라.

부석의 힘
외세의 침략도 물리쳤다는
선묘 공주의 사랑
부석사에 있다.

낙산사

홍련암만 남겨놓고
바로 앞까지 소실되었다는
사진이 현장에 붙어 있다
낙산사에 참배 온 금강선원 불대생들
철썩이는 바다 홍련암 아래
돌 바위에 부서지는 포말이 멋지다.

해수 관세음보살에 합장하며
의상대사 부도에도 묵념하는 불자들.

노란 리본이
수없이 매달려 팔락인다
소원을 비는 금강선원 불대생
노랑색 보다 더 예쁘다.

건봉사
- 점심 공양

건봉사의 주지 스님
점심을 공양합니다
배추 심고 파를 길러
자작 농사 잘하시어

손수 재료를 다듬고
절 음식 만드시니
오늘 오신 불자님께
떡 봉양 나물 봉양
싱싱한 수박도 대접합니다.

맛난 점심 공양에
"아! 배부르다 두 그릇 먹었네."
곳곳에서 들려오는 소리
부처님도 공양 드시고
평온한 미소 지으십니다.

민통선
- 금강산 남문에 올라

입산하기 어려운 민통선
열쇠가 없으면 못 들어가는 곳
관계인과 보초 서는 군인이
문을 열어주어 산길을 오른다.

철조망에 둘러싸인 오솔길
"관세음보살"을 수없이 부르며
산길을 오르내리니 만 이천 보라.

촉촉이 비 맞는 금강송
하늘을 움켜잡고 글을 쓴다.

저 보이는 산 너머가 북한 땅
굽이 연결되어 가깝고도 먼 곳
지뢰밭 없는 통일이 언제나 될까

먼 산 하늘에
소원을 비는 소나무
운무에 쌓인 강산이 참 아름답다.

탑돌이
  - 33인의 부도 앞에

"관세음보살" 연속 부르며
정상을 오르는 불자님들
33인 부도 앞에 탑돌이를 한다

맑은 하늘에 붓을 들었다
굽이굽이 산하가 아름답구나
건봉사 금강산 가는 능선으로
소올 솔 부는 바람
자유를 업고 노닌다.

탄허기념 불교박물관

탄허기념 불교박물관에서
22년 4월 9일 제27회 포교사 시험에
부처님의 일대기를 공부하며
전법도생을 익히며 사람들과의 인연을
세계의 하늘이 열려 있는 12연기
워드를 치며 접목하는 거미 망을 본다.

환희
- 봄

내 한 몸, 한마음에서 피어나는
환희의 세계
부처님 법을 배우며
혜거스님께 합장한다.

봄의 노래
개나리의 합창
기도하는 봄 날.

대모산자락의
탄허기념 불교박물관 주위에
광배의 빛!
빛이 서려 있다.

모든 만물에 부처가 있다

졸졸 개울 물소리 우렁차다
안개비 산사에
고마운 점심 공양을.

돌멩이 하나에도
나무 하나에도
부처의 마음이 있다고
소홀히 상대를 대하지 말라는
가르침을!
숙연한 마음 의인화 되어
만물에게 절한다.

거스르지 않는 삶
  - 커트하며

그렇게 5센티를 잘랐는데
손가는 데로 잘랐는데

거슬리지 않는 삶
이 세상을 살았는데

내 나이 늙는다고
주저앉으면 안되지요
목숨 다할 때까지 움직여
필요한 곳에 봉사해야지요

고운 마음
보시하는 법을 배워야 하지요.
푸른 희망을
살찌워야 하지요.

바다

돌담 사이
목탁 소리 들려오면
바다도 가끔 염불한다.

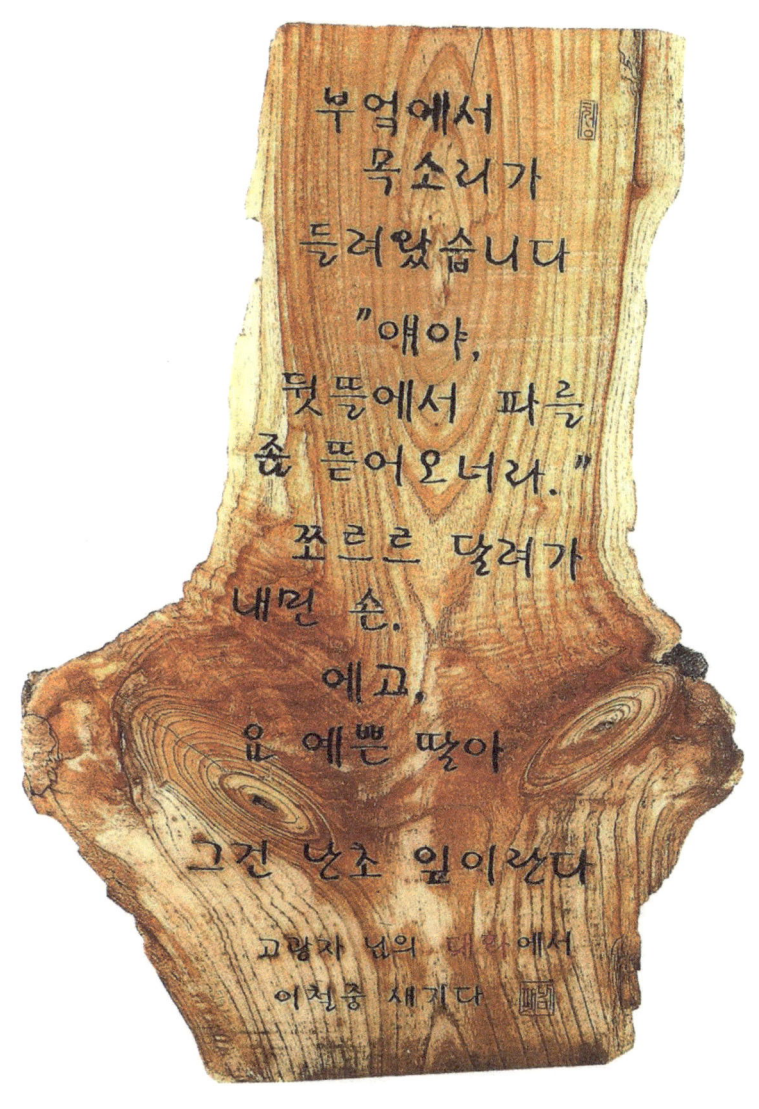

고광자 시 – 대화

해송의 절개 (수묵화)

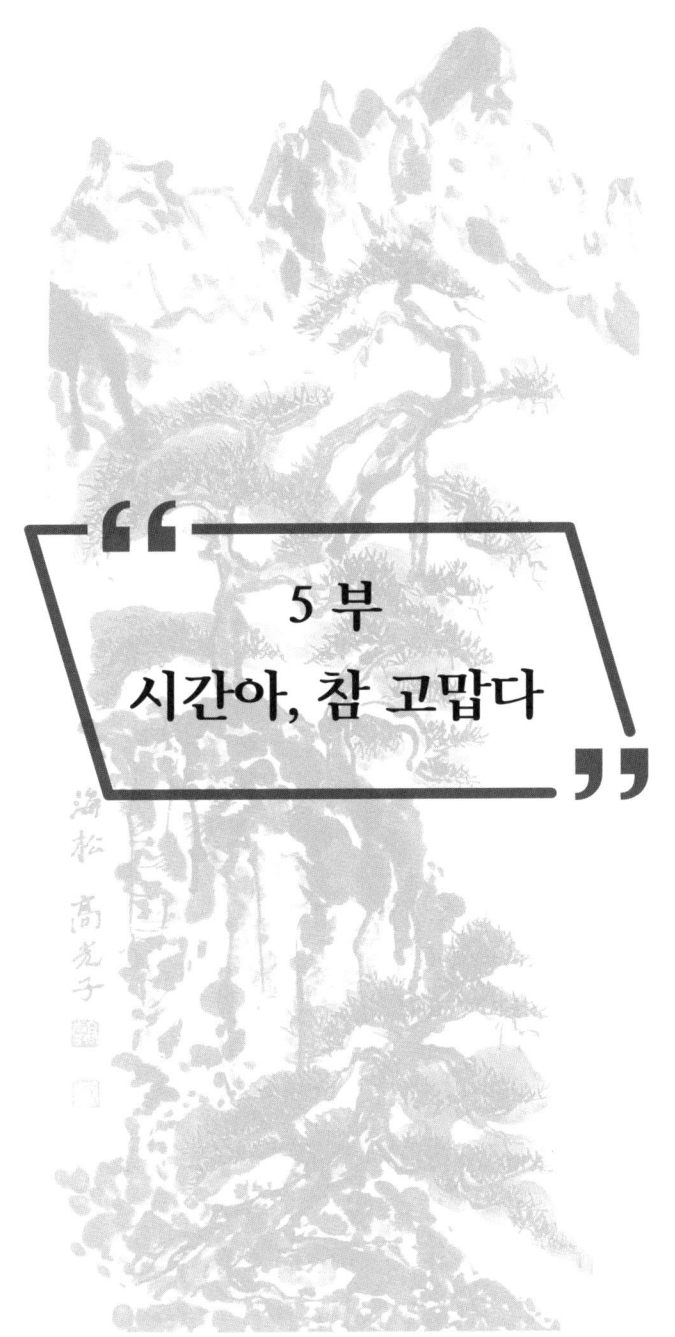

5부
시간아, 참 고맙다

1 도서관에 오는 이유

2. 봉오리의 꿈

3. 밤과 낮

4. 물소리

5. 한글날 시 세계를 조명하다

6. 시간아, 참 고맙다

7. 거리 두기

8. 회상

9. 숲은

10. 벙어리 장갑

11. 풍경

12. 길

13. 호박잎

14. 비둘기의 공존

15. 은행과 세금

16. 고추잠자리

도서관에 오는 이유

집도 있는데
왜 도서관에 와서 글을 쓸까?
책상이 넓다, 지구력이 생긴다
의자에 앉으면 엉덩이가 딱 붙는다.

소싯적부터 도서관을 다닌 습관이
할머니가 되도록 내 집처럼 드나들며
노트북을 갖고 다닌다.

참으로 좋은 세상
너울너울 파도 타는 영감 사랑
오늘도 님에게 편지를 쓴다.

봉오리의 꿈

해 담는 다리에
율동의 연주 시작
멀리 북한산이
산수화로 둘러 쌓여
묵향이 번져온다.

불광천 길가
벚꽃 봉오리들.

마라톤 선수
땅!
개화 만발.

밤과 낮

밤과 낮
돌고 도는 그 자리

파도는 수위를 넘지 않고
파도로 산다

태양은 어느새
석양빛으로 바다에 눕고

깨우치는 자(者)
어리석음을 두 번 하지 않는다.

물소리

홍제천 칠천 보를 걸으며
물가에 앉아
흐르는 물줄기를 바라보니
왜 이토록 배울 게 많은가?
유유자적 헤엄치는 잉어들을 본다.

거스르지 않는 삶
진흙에서 연꽃은 피고
자연으로 흐르는 천(川)
백신도 필요 없다는 생명력
자연의 소리 들린다.

한글날 시 세계를 조명하다

제주 한림 문학 제6호에
「한글날 광화문에서」 시가 발표되었다.
유태복 기자가 영주일보에 기사를 싣고
고광자 시인의 문학세계를 조명하였다.

시간을 게을리할 수 있을까?
새날부터 쓴 일기는 시가 되고
동화가 되고 수필이 될 것이다.

새날도 나흘 밤이 강물처럼 흐르고
아궁이 불 땐 방의 구들이 따듯하여
겨울철 아닌 겨울을 보낸다.

섬에 앉아 나를 돌아보니
바다와 함께 있음에
화기 없는 온유를 배운다.

시간아, 참 고맙다

오늘이 있어 참 고맙다
내일이 있어 더욱 고맙다
기차를 타고
익산에서 서울로 가며
문자 메시지를 보내야 하는데
충전을 해야 한다.

대한시조협회 전국경창대회 익산지회에서
전통음악 정가(正歌) 가사 가곡 부문에 장원을
순창 전국경창대회에서 시조창 대상부에 장원을.

내 안의 바다에서
섬이 되어
삶은 끝없는 도전이라고

나는 시인, 그리고 시조창 명인.
시간아! 사랑한다. 참 고맙다.

거리 두기

집에만 있을 순 없다
밤새 뒤척이던 몽유
아침 햇살 따라 밖을 나오니
이리도 환한 세상인걸

신촌을 지나, 아현동을 지나
종로에 오니, 세운상가 층계에
나란히 햇볕을 쬐고 있는 사람들
삼월도 셋째 주 토요일

아름다운 서울이 온통
전철, 버스, 자동차들이
마스크를 쓰고 달린다.

회상

50년대 후반
부모님 따라 이주한 서울
달동네에 밀가루 음식은 고급이었고
강냉이죽을 타기 위해 대현동사무소에
긴 줄을 서서 배급받던 진풍경이 있었다.

서울에 공동 수돗물이 생겼을 때
양동이들을 앞세워 밤새 줄을 섰다.
사변 후 나라는 가난했기에
그 시절 국민은 근면을 배웠다.
마스크 대란에 회상되는 옛 필름.

숲은

언제부터인가
마스크가 등장했다
전철 안에도 도서관에도

아랫동네 아파트는
공기청정기를 들여놓고
바람을 사서 먹는다.

숲의 터줏대감은
광창·들창·벼락닫이·미닫이
기와집 대청이 그립다

저 혼자서 자연 바람을 지킨다
오롯이 지구의 눈으로
숲을 지킨다.

벙어리 장갑

고사리손이 얼세라
호롱불 밑에서 뜨게질하던
어머니의 벙어리 장갑

장독대에 수복 흰 눈이 쌓이면
장갑을 끼고 호호
눈사람을 만들었지.

군고구마 장수의 실장갑은
뜨끈뜨끈 구수한 냄새
겨울을 녹이고

그 하얀 겨울
장갑 사이로 맺은 정
엄마 아빠 되었지.

풍경

낮은 초가집이 스쳐 가고
구획정리 잘 된 푸른 논
빠르게 들판을 굴러간다.

광천 기찻길로 하얀 무궁화
차창의 풍경이 평화롭다.

'새벽종이 울렸네~' 새마을 노래가
경쾌하게 허공 속에 음표를 그린다.

길

한강 둔치에
한쪽 손을 내민 아주 작은 꽃
뒤뜰에 모셔와 심었더니
아침에 꽃이 폈다.

유지하는 생명
한 뼘의 땅도 고맙다.
강바람에 젖은 옷을
고이 접어 내려놓는다.

호박잎

백로가 지나도
긴긴 줄기 이어 뻗는
참으로 모진 목숨이여
시들은 쭉정이 걸머지고
마디마디 검버섯 핀 잎새
인간과 어찌 닮다 하지 않으리오.

여름내 무성하게
푸른 자손 잘 길러내고
쭈그러들고 있는 몸뚱이
그래도 열심히 잘 살았다고
당당히 가을 하늘에게
붙이는 글이지요.

비둘기의 공존

차라리 비둘기라서 좋다
스트레스를 받아도 병원에 갈 수가 없다
죽어도 누가 조화를 갖다주지 않는다
스스로 책임지는 거리의 공존
간혹 친구가 생각하며 운다.

은행과 세금

어디 외출할 때면 옷맵시로 예의를 하고
모자를 눌러쓰고 구두를 신고 외출하였다
구월 말일 재산세 내는 마지막 날
운행문 앞에 십여 명이 길게 줄을 섰다.

코로나로 9시 30분에 문이 열린다고
은행 입이 우쭐댄다
사람들은 쪼그리고 앉거나, 줄을 서서
그렇게 시간을 기다렸다.

드디어 은행 문이 열리고 발열 검사를 하며
차례가 되었는데, 아차! 이게 웬일인가?
중요한 카드와 통장을 안 가져왔으니
때론 연필도 잃어버릴 때가 있다.

핸드폰 노트에 망각을 이렇게
노래하는 것을 보니
아직은 글 쓰는 사명감이 살아 있구나!
내게 감사한 인사를 한다.

고추잠자리

고추잠자리
고층을 날다가
베란다에 앉았다.

한여름 더운 열기
파닥파닥 날갯짓
꽁지에 붙은 불

도시에서 살 궁리
14층 아파트를
휘휘 돌아 탐색 중이다

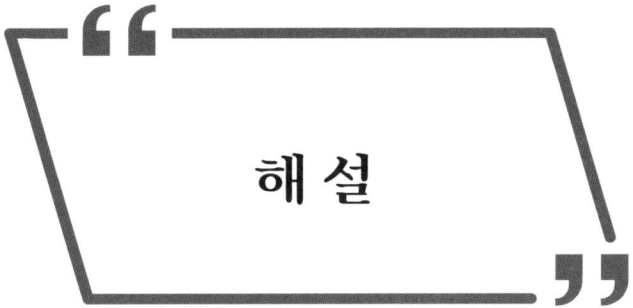

[해설]

고결한 마음의 결정체

김종상(시인·아동문학가·한국문협 고문)

1) 글은 곧 그 사람의 품성

고광자 시인은 재능이 다양하다. 시인으로서 『바다와 소나무』, 『바다야 내가 왔어』, 『천륜의 바다』 등 17권의 시집을 출간했고, 아동문학가로 동시집도 『달님과 은행나무』, 『밤하늘에 걸린 바나나』, 『연꽃으로 받든 섬나라』 등이 있으며, 동화집도 『나는 통나무입니다』 등을 펴냈을 뿐만 아니라 다수의 평론집도 출간해서, 문학의 모든 장르를 석권(席卷)하고 있다.

문단 활동에서도 제주한림문학회 초대 회장, 한국문협마포지부 회장, 한국불교아동문학회 회장과 마포문협, 한국공무원문협, 한국여성문학회 등 여러 문학단체의 고문이나 자문위원도 맡고 있다. 그런 만큼 영랑문학상, 서포문학상, 문예사조문학대상 등 큼직한 문학상도 많이 받아서 여러 동료 문인들에게 선망의 대상이 되고 있다.

또 고광자 시인은 이러한 문학 외에도 빼어난 재능을 보여주고 있으니, 국악에서는 정가(正歌) 전국시조경창대회에서 여러

차례 대상과 장원을 한 국창(國唱)이기도 하다. 특히 시조창에 뛰어난 팔만대장경을 완창하여 우리를 놀라게 하고 있으며, 대한불교조계종 포교사로서도 삭막해져 가는 현대인에게 단비와 같은 부처님의 자비 정신을 심어주기에도 진력하고 있다.

작품 해설에 앞서 이런 이야기를 하는 뜻은 '글은 사람이다'라고 한 뷔퐁(佛1707~1788)의 말을 생각해서이다. 행동은 거칠어도 글은 고운 사람이 있고, 하는 짓거리와 쓰는 글이 다른 사람도 있긴 하지만 글은 그 사람의 마음과 생활 경험에서 우러나오는 용천수(湧泉水)이기 때문에 글과 사람의 품성은 같다는 것을 고광자 시인을 잘 아는 나로서는 그의 다감한 성품과 빼어난 다방면의 활동을 보면서 '뷔퐁'의 이 말에 절실한 공감이 가기 때문이다.

2) 자연의 가르침을 보는 혜안

무정설법(無情說法)이란 말이 있다. 감정이 전혀 없는 초목(草木)이나 대지(大地)는 물론이고 정식(情識)이 없는 무위자연(無爲自然) 모두가 설법을 한다는 뜻이다. 그들은 있는 그대로의 모습으로 우리에게 위대한 가르침을 주고 있다. 모든 무정물(無情物)도 위대한 스승이고 천지자연이 그 자체로서 훌륭한 교과서라는 말이 있는 것도 그 때문이다. 고광자 시인은 이런 자연의 가르침에 인간 생활을 비추어보는 혜안을 갖고 있으니, 이 점을 떠올리게 되는 몇 편의 시를 먼저 살펴보기로 하겠다.

홍제천 칠천 보를 걸으며
물가에 앉아
흐르는 물줄기를 바라보니
왜 이토록 배울 게 많은가?
유유자적 헤엄치는 잉어들을 본다

거스르지 않는 삶
진흙에서 연꽃은 피고
자연으로 흐르는 천(川)
백신도 필요 없다는 생명력
자연의 소리 들린다.
- 「물소리」 전문

 제목은「물소리」지만 화자인 시인은 '흐르는 물줄기를 바라보니/ 왜 이렇게 배울 게 많은가?' 하며 무정설법의 법문을 듣고 있다. 흘러가는 물은 스스로를 낮추어 흐르기 때문에 갈수록 크고 강해지며 약수도 오수도 가리지 않고 똑같이 받아드리므로서 물은 하나로 화합한다. 또 아무런 대가 없이 모든 생명체를 기르므로 생명체의 근원이 되며 쉬지 않고 흘러서 한데 모이기 때문에 대양을 이룬다. 그러므로 흐르는 물은 겸손과 화합, 희생과 봉사, 대의와 통합의 길을 보여주는 것이다.
 둘째 연에서는 그러한 물이 길러내는 연꽃을 노래하고 있다. '거스르지 않는 삶/ 진흙에서 연꽃은 피고'라고 했다. '거스르지 않는 삶'이란 때와 장소를 가리거나 이해타산을 따지지 않는 삶이란 것이다. 또 '진흙에서 피는 연꽃'이라는 표현에서는 진흙이라고 피하거나 모래땅이라고 가리는 일없이 '거스르지 않는 삶'이란 말을 거듭 강조한 것이다. 그러면서 연꽃은 한 줄기에 꽃이 한 송이만 피고 잎도 한 줄기에 한 장만 붙는다. 부처님은 태어나면서 천상천하유아독존(天上天下唯我獨尊)이라고 했다. 천상천하(天上天下)는 천신들의 세상과 그 아래 인간 세상을 가리키므로 생명 있는 모든 중생(衆生)의 세계를 의미한다. 오직 그 세계에서 나 하나가 가장 존귀하다는 것은 생명 있는 존재 가운데 깨달음을 얻은 부처인 자신이 가장 존귀하다는 것이다. 그래서 부처는 자기의 내적인 문제를 모두 해결하여 완전한 자유(解脫)와 궁극의 행복(涅槃)을 얻었고, 인간과 천신들에게 가르침을 주어 그들도 자유와 행복을 공유하게 한다는 점에서 가장 가치 있는 유일한 존재라는 의미이다. 연꽃은 잎이나 꽃이 그와 같은 천상천하유아독존으로 오직 나 하나라는 고고한 자세를 보여주면서도 오수와 폐수로 범벅이 된 듯한 진흙탕에서도 티끌 하나 묻지 않는 청아한 모습을 보여 부정에 물들지 말기를 가르치고, 화려하지 않으면서도 청정하기가 비길 데 없으니, 고결한 성품으로 세상을 청빈하게 사는 것이 제일 존귀한 삶이란 것을 가르치고 있다. 또 줄기가 연약하면서도 잘 꺾이지 않는 것은 부드러움과 융통성의 소중함을 말해주고 있다. 그러므로 유아독존이란 말은 자신을 두고 하는 말이 아니라 누구도 범접하지 못할 모든 중생의 천부적인 존엄성을 뜻하는 말, 모든 중생의 자존을 말하는 것이다.

한강 둔치에
한쪽 손을 내민 아주 작은 꽃
뒤뜰에 모셔와 심었더니
아침에 꽃이 폈다.

유지하는 생명
한 뼘의 땅도 고맙다
강바람에 젖은 옷을
고이 접어 내려놓는다.
- 「길」 전문

어찌 홍제천을 흐르는 물뿐이랴. 이 「길」이라는 시는 한 포기의 작은 꽃도 살아가는 일이 어떠한 것인가를 가르쳐주고 있다. 한강 둔치에 있던 꽃을 캐다가 우리 집 뒤뜰에 심었더니 다음 날 아침에 꽃이 폈다고 했다. 꽃의 성미가 급해서가 아니다. 사람의 손에 운명이 맡겨져 있기에 언제 죽게 될지도 모르는 터라 빨리 꽃을 피워 열매를 맺어 후손을 남겨야겠다는 생각이었는지도 모른다. 그런 상황에서도 작은 꽃은 자기가 현재 심어져 생명을 유지할 수 있게 해주는 한 뼘 땅에게 감사하며 강바람에 젖은 옷을 고이 접어 내려놓는다고 했다. 작은 꽃 한 포기도 고광자 시인의 고운 가슴속으로 들어와서는 우리 자신의 삶에 대해 많은 것을 생각하게 하고 있다. 말을 하지 않아도 우리가 세상을 참되게 살아가는 것이 어떤 것인가를 보여주는 무정설법이다.

백로가 지나도
긴긴 줄기 이어 뻗는
참으로 모진 목숨이여
시들은 쭉정이 걸머지고
마디마디 검버섯 핀 잎새
인간과 어찌 닮다 하지 않으리오.

여름내 무성하게
푸른 자손 잘 길러내고
쭈그러들고 있는 몸뚱이
그래도 열심히 잘 살았다고
당당히 가을 하늘에게
붙이는 글이지요.
- 「호박잎」 전문

우리에게 세상이 있는 이치를 바로 깨닫게 해주는 것은 흐르는 물과 한 포기 작은 꽃만이 아니다. 가을바람에 여위어가는 호박잎 한 장도 마찬가지다. 24절후에서 처서, 백로가 지나면 가을이 시작된다는 추분이다. 여름내 그 싱싱하던 목숨도 이제는 시들어 마디마디 검버섯 핀 잎새에서 우리 인간의 모습을 생각하게 한다고 했다. '여름내 무성하게/ 푸른 자손 잘 길러내고/ 쭈그러들고 있는 몸뚱이'라는 표현은 호박잎을 두고 말한 것이지만 젊은 시절에는 건장한 몸으로 열심히 일하며 귀한 자식들을 길러냈지만 이제는 늙고 쇠약해진 몸뚱이만 남아 서리맞은 푸새처럼 시들어가는 노년의 우리 모습을 상징적으로 그려내고 있다. 호박잎만이 아니다. 모든 풀잎은 연초록이 곱던 봄을 지나 싱싱한 푸르름을 자랑하던 여름 동안 씨앗을 익혀서 남기고는 가을이면 시들어 말라 떨어지게 되는 것이 우리 인간을 비롯한 생명을 가진 모든 것의 한살이란 것을 생각하게 해주고 있다.

이와 같은 시를 더 들어본다면 나뭇가지에 앉아있는 두 마리 새가 벤치에 앉아있는 노부부 같다는 「새와 노부부」, 들풀이 수평선을 베개 삼아 제각기 생긴 모습대로 눕거나 앉아 있다는 「곽지 산책로」, 바닷가 비둘기 모여라 '구구구', 화답소리 '구구구', 아하! 장닭도 깨었다고 '꼬끼오', 목젖 푸는 율동 고고하다고 노래한 「제주의 아침」등 여러 작품이 그러하고, 「모든 만물에 부처가 있다」고 한 작품은 포교사로서의 고광자 시인이 작품으로 직접 무정설법의 심오한 법문을 독자들에게 보여주려고 하고 있는 것이다.

3) 정을 뿌리로 한 꽃나무

당나라 헌종과 양귀비의 사랑을 읊은 장편 서사시 장한가(長恨歌)로 만인의 심금을 울린 시인 백낙천은 '시는 정을 뿌리로 하고 말을 싹으로 하며, 소리를 꽃으로 하고 의미를 열매로 한다' 라고 했다. 정은 사랑이다. 남녀간의 애모, 형제간의 우애, 친인척 간의 화목, 대인관계의 이해와 관용이 모두 사랑이다. 이러한 사랑은 인간 생활에서는 화평과 행복을 가져다주고, 문학에서는 백낙천의 말대로 시는 사랑의 노래가 될 수 밖에 없다.

고광자 시인의 여리고 다정한 성품이 그려내는 다음 시에서도 백낙천의 말처럼 정을 뿌리로 해서 시를 꽃으로 피워낸 이러한 사랑의 세계를 금방 확인할 수 있다.

바닷가 물새들이
꾀꼬리처럼 흉내 낸다
그래도 바다는 나무라지 않는다
밀려오는 하얀 파도는
파도소리에만 열중한다.

동화의 섬 비양도엔
소라, 보말, 미역도
바다의 주인공이다
열심히 사는 그네들은
빈 수레가 없다.
- 「동화의 섬」 전문

바닷새 갈매기는 자신들이 타고난 소리가 있고, 숲속의 꾀꼬리는 꾀꼬리로서의 고유한 소리가 있다. 그런데 바닷새가 육지새의 흉내를 낸다고 탓하거나 갈매기가 꾀꼬리 소리를 낸다고 파도나 섬은 네가 꾀꼬리냐고 나무라지 않는다. 새가 어떻게 하든 파도는 제소리에 열중하고 섬은 묵묵히 듣고만 있다. 무관심이 아니라 포용이다. 그러면서 바다는 그 바다에 한 장 낙엽처럼 떠 있는 섬 비양도 사람들에게 소라, 보말, 미역 등 푸짐한 선물을 언제나 빈 수레가 없이 가득 실어보낸다. 자연이 베푸는 풍성한 사랑이다.

어둠의 저편
서서히 밝아오는 여명
새벽 바다는 축복이다.

해녀 탈의실에
테왁을 등에 지고
바다에 들어가는 해녀.

솟은 돌부리에도
서 있는 내 곁에도
태양이 살며시 달려온다.
- 「새벽 바다는 축복」 전문

이 「새벽 바다는 축복」은 날이 밝기가 바쁘게 바다로 나가는 해녀들의 부지런한 모습과 그녀들을 맞이하는 바다의 사랑을 생각하게 한다. 어둠이 저편으로 밀려나며서 서서히 밝아오는 여명은 새벽 바다의 축복이라 했다. 그 바다의 축복은 해녀들의 축복이고, 섬의 축복이며 거기에 사는 모두의 축복인 것이다. 밝아오는 여명과 바다에 들어가는 해녀와 달려오는 태양을 사랑하는 마음이 쾌청한 하늘처럼 다가오고 있다. 이런 사랑의 감정은 자연보다 인간관계에서 더 아름답게 피어나고 있으니, 아래의 시가 그러한다.

"에구머니, 할아범, 바짝 붙지 마시구려!"
말이 떨어지기도 전에

"찌지 직."
하얀 차 엉덩이를 긁어놓았다.

차를 세운 젊은이가 뚜벅 걸어온다
고개를 숙이고 있는 노부부

"아, 너무 걱정하지 마세요.
제가 지금 출근길이니
보험처리 하지 않도록 노력해 볼게요."

1시간 후 따르릉 걸려온 전화
"할멈, 아 글쎄, 그 젊은이가 차를 잘 닦았다며
염려 말라고 전화가 왔어. 하하하~
세상은 좋은 사람이 더 많아."
- 「세상은 좋은 사람이 많아」 전문

고광자 시인은 그의 성품처럼 일상에서도 아름다운 인정의 세계를 볼 수 있는 경험 사실을 그대로 옮긴 시 가운데 한 편이다. 「세상은 좋은 사람이 많아」라는 이 시에서도 그것을 확인할 수 있다. 할아범이 주차를 하다가 젊은 사람의 승용차 엉덩이를 긁었다. 이런 경우 대개는 얼굴을 붉히고 짜증스러운 소리가 나오기 마련인데, 차가 긁힌 젊은이는 "아, 너무 걱정하지 마세요. 제가 지금 출근길이니, 보험처리 하지 않도록 노력해 볼게요."하고는 도리어 할아범을 위로하고 그냥 가버린다. 그런지 1시간 후 그 젊은이가 차를 잘 닦았다며 염려 말라는 전화를 했다. 사회생활에서 참으로 아름다운 관용이며 이것은 곧 인정이고 사랑이다.

한 바구니 감을 얼른 샀다
푸성귀로 너무 커진 장바구니
두 정거장을 걸어가야 한다

무거운 짐을 똬리도 없이
머리에 이고
젊은 날을 회상하며 걸었다.

남을 의식할 필요 없고 펑퍼짐한 옷을 입어도
이젠 아무 부끄럼 없다
건너편에서 유유히 걸어오는 아낙에게
대뜸 "내 모습이 어때요?" 하고 말을 건넸다.

모르는 사람은 배시시 배시시 웃었다
온유한 마음 세상의 벗 되어
연륜의 눈 깊어간다.
- 「똬리도 없이」 전문

여자들이 외출을 할 경우에 가장 신경을 쓰게 되는 것이 자기의 몸맵시나 옷차림이라고 한다. 과일과 푸성귀로 가득 찬 장바구니를 똬리도 없이 머리에 이고 젊은 날을 회상하며 걸었다. 이제는 남을 의식할 필요도 없고 펑퍼짐한 옷을 입어도 아무 부끄러움이 없는 나이라고 생각하면서도 현실은 그럴 수가 없다. 현재의 자기 모습을 객관적으로 확인하고 싶은 것이다. 그래서 건너편에서 오는 모르는 아낙에게 내 모습이 어떠냐고 물어본다. 그 사람은 말없이 배시시 웃었다. 그 웃음의 의미는 다양할 것이지만 우선 웃음에서 전해오는 온유한 마음과 동료 의식을 느낄 수 있다. 말이 없어도 교감되는 인정의 세계를 엿볼 수 있다. 순후한 인간관계의 사랑이다.

바다에서 태어난 바다의 여인으로 바다가 되었다는 「바다의 여인」, 수평선을 날개로 단 비양도에서는 강태공도 낚시로 노을을 낚는다는 「비양도의 노을」, 까마귀가 점심 먹고 가라는 대피소에서 돌아보니 세상은 모두 한라산 아래더라는 「한라산 등반」등이 모두 자연의 경이로움과 고향 제주를 향한 사랑을 노래한 작품들이다.

4. 인륜의 강, 천륜의 바다

고광자 시인은 뛰어난 효녀이다. 오래전부터 나는 마포에서 가까이 살았고 또 내가 속해 있는 마포문협의 회장과 한국불교아동문학회 회장으로 지냈기 때문에 그의 아버지가 노환에 계실 때 병시중에도 지극했던 것을 잘 알고 있다.

생전의 효도를 위한 길을 모색하며
아버지의 일생을 써야 한다는 집념에
시인인 딸의 몫이라 생각하여
이천십오년 '천륜의 바다'를 상재하였다.

해송 아래
아버지와 나는
관객도 없이 단둘이서
한 권의 시집을 다 읽어 드렸다

흐트러짐 없이 낭송을 듣던 아버지
한라산도 마당에 급히 내려와
산새들과 귀를 열었다

순간을 행복해 하시던 나의 아버지
더욱 그립다.
- 「천륜의 바다 -나의 아버지 4」 전문

앞의 시는 아버지가 살아계실 때 '생전의 효도를 위한 길을 모색하며/ 아버지의 일생을 써야 한다는 집념에/ 시인인 딸의 몫이라 생각하여/ 이천십오년 '천륜의 바다'를 '상재' 했을 때 이야기다. 곽지의 해송 아래에서 시집 『천륜의 바다』 한 권을 아버지께 다 읽어 드릴 때 한라산도 급히 서둘러 마당으로 내려오고, 새들도 한라산과 함께 귀를 기울였다고 했다. 내가 읽어 드리는 시를 들으며 행복해 하시던 아버지의 모습을 그리는 효행시다.

동란 이후는 모두 가난이었다
쌀 한 톨을 얻기 위해
노동을 했던 50년 60년대
그 시절 아버지는
'第一공업사'를 경영하셨다.

제주 애월 바닷가에서
조가비와 놀던 막내둥이
일학년 국어책을 읽다가
부모님 따라 상경한 서울
햇볕에 그을린 까만 얼굴
동심의 무대는 북아현동 산동네였다.

아버지는
시골에서 올라온 가난한 청년들을 위해

숙소를 마련하고 기술을 익혀주니
청년들이 우후죽순 모여들었다.
- 『육이오 참전용사 - 아버지 1』 부분

　연작시 '아버지·1'의 일부이다. 6·25 직후 그 가난하던 때에 제주도 애월 바닷바람과 햇볕에 까맣게 그을리며 조개껍데기로 소꿉놀이나 하던 일 학년짜리가 서울 북아현동 산동네로 왔을 때 아버지가 하시는 일을 본 것을 회상하고 있다. 내용을 과장하거나 꾸미지 않고 쉬운 말로 쓴 점과 자기감정을 내세우지 않고 사실만을 보여주면서 독자의 상상을 유도하고 있는 점이 좋다.

　이 외에도 은방울 자매의 노래 「마포종점」을 모두가 따라 불렀다는 「마포 종점에서 중소기업 운영하다 - 아버지·2」, 공장의 기계 돌아가는 소리를 들으며 학창시절을 보냈다는 「인화단결 - 아버지·3」에서부터 제주국립호국원에 안장된 국군용사였던 아버지를 애도한다는 「F4 용지 한 장에 인생을 담고 - 아버지·9」까지가 모두 아버지를 회상하고 그리는 시다. '천륜의 바다' 아버지의 정이 참으로 크다.

　우리는 언어의 주술성(呪術性)이나 비의성(祕義性)을 말한다. 그것이 조금이라도 있다면 고광자 시인의 아버지는 명부(冥府)에서도 행복을 누릴 것이다. 할 말이 더 있지만 자칫하면 좋은 작품에 흠이 될까 저어하여 독필(禿筆)을 거둔다.

-바다문학 시인선-

애월 바다는
석양이 아름답다

초판인쇄 2023년 4월 10일
초판발행 2023년 4월 17일

지 은 이 고광자
펴 낸 이 이철중
펴 낸 곳 도서출판 바다문학
인쇄기획 엔 크

출판등록 제2010-000052호
주   소 서울시 마포대로52, 1118호(도화동, 고려아카데미텔)
전   화 010-5495-0667
메일주소 1949kkj@hanmail.net

I S B N 978-89-964434-9-0 03810
정   가 13,000원

* 인지는 저자와 합의하에 생략하며 잘못된 책은 교환해 드립니다.
* 이 책의 저작권은 저자에게 있으며 내용을 인용하거나 발췌하는것을 금합니다.